Psychotherapie nach dem Heilpraktikergesetz

Ein rechtlicher Leitfaden für
psychotherapeutisch tätige Heilpraktikerinnen
und Heilpraktiker

von

Prof. Dr. iur. Christof Stock

Im Auftrag der

Gesellschaft für Biodynamische
Psychologie/Körperpsychotherapie e.V.
GBP e.V.

RdGS Recht der Gesundheits- und
Sozialberufe

© Hrsg.: Gesellschaft für Biodynamische Psychologie/
Körperpsychotherapie e.V., GBP e.V., Köln 2014
2. überarbeitete Auflage von „Heilpraktiker-Werbung" 2007
Autor: Prof. Dr. iur. Christof Stock
Covergestaltung: Antje Bienefeld
Satz und Layout: Anne Morstadt-Droege
Herstellung und Verlag: Books on Demand GmbH, Norderstedt
ISBN: 9783833479229

Inhaltsverzeichnis

Vorwort

Dieser Leitfaden wurde von der Gesellschaft für Biodynamische Psychologie/Körperpsychotherapie e.V. (GBP e.V.) als Handreichung für die Mitglieder sowie andere Betroffene und Interessierte in Auftrag gegeben, um häufig auftretende Rechtsfragen zu beantworten.

Die Handreichung soll kurz und bündig sein. Es geht um alltagstaugliche Lösungen und nicht um akademische Diskussionen. Auf vertiefende Hinweise wird also nur verwiesen.

Die Broschüre ist so aufgebaut, als würde jemand die ersten Schritte in die Selbständigkeit gehen und dann praktisch tätig sein.

Allgemeine rechtliche Informationen über z.B. den zulässigen Internetauftritt und andere Werbemaßnahmen werden von verschiedenen Stellen veröffentlicht; zur Berufsbezeichnung von psychotherapeutisch tätigen Heilpraktikerinnen und Heilpraktikern[1] gibt es hingegen wenig Material. Deshalb wurde hier ein stärkerer Schwerpunkt gesetzt.

Der Jurist weiß: Jeder Fall ist anders. Deshalb kann hier nicht von einer generellen Darstellung in einer solchen Broschüre auf die Richtigkeit im Einzelfall geschlossen werden. Jede Haftung ist ausgeschlossen.

Für Überlegungen im Einzelfall sowie Kritik und Anregungen stehe ich gerne zur Verfügung.

Aachen, 9. September 2014

Prof. Dr. Christof Stock

---

[1] Aus Gründen der leichteren Lesbarkeit wird die grammatikalisch maskuline Form als geschlechtsneutral zu verstehende Ausdrucksform verwendet.

1. Die Erlaubnis zur Ausübung der Heilkunde

1.1 Psychotherapie

Wer die Heilkunde betreibt, bedarf der Erlaubnis[2]. Sie wird in Form der Approbation oder als Erlaubnis nach dem Heilpraktikergesetz (HPG) erteilt. Die Ausübung einer heilkundlichen Tätigkeit ohne Erlaubnis ist strafbar[3].

Nach dem Heilpraktikergesetz bezieht sich die Heilkunde auf die Feststellung, Heilung oder Linderung von Krankheiten, Leiden oder Körperschäden[4]. Zum Schutz der Bevölkerung hat die Rechtsprechung[5] schon seit langem den Heilkundebegriff weit ausgelegt und auf jegliche Tätigkeit ausgedehnt, bei der medizinisches Fachwissen erforderlich ist. Fraglos setzt die Psychotherapie medizinisches Fachwissen jedenfalls in einem Teilbereich voraus, so dass es sich um Heilkunde handelt[6].

Wer Psychotherapie betreibt, muss also entweder über eine Approbation oder über eine Erlaubnis nach dem HPG verfügen. Die Approbation als Arzt, Psychologischer Psychotherapeut oder

---

[2] § 1 Abs. 1 Heilpraktikergesetz

[3] § 5 Heilpraktikergesetz

[4] § 1 Abs. 2 Heilpraktikergesetz

[5] BVerwG, Urt.v. 28.09.1965, – I C 105/63 –, NJW 1966, 418.; OVG NRW, Beschl.v. 28.04.2006, – 13 A 2495/03 –, MedR 2006, 487 ff.

[6] BVerwG, Urt.v. 10.02.1983, Wer – ohne Arzt zu sein – (als Psychologe) die selbständige berufliche Tätigkeit anstrebt, Personen psychotherapeutisch zu behandeln, bedarf der Erlaubnis nach dem Heilpraktikergesetz, NJW 1984, 1414 ff.; BVerwG, Urt.v. 21.01.1993. Die Beschränkung der Erlaubnis nach dem Heilpraktikergesetz auf die Ausübung der Psychotherapie ist zulässig, BVerwGE 91, 356FF; NJW 1993, 2395.

Kinder- und Jugendlichenpsychotherapeut wird nach einer Ausbildung durch eine staatliche Prüfung erworben.

Nach einem Antrag auf Erteilung der Heilpraktikererlaubnis wird lediglich überprüft, ob die heilkundliche Tätigkeit Gesundheitsschäden verursachen kann. Es handelt sich also nicht um eine staatliche Prüfung, sondern lediglich um eine Überprüfung (Negativattest)[7]. Diese Überprüfung wird von dem vor Ort ansässigen Gesundheitsamt durchgeführt; die Zuständigkeit ist allerdings in einigen Bundesländern auf spezielle Gesundheitsämter übertragen.

Schon seit etwa 20 Jahren hat die Rechtsprechung für die Personen, die sich ausschließlich mit der Durchführung von Psychotherapie beschäftigen bzw. beschäftigen wollen, Besonderheiten im Hinblick auf die Heilpraktiker-Überprüfung festgelegt. Sie sind ursprünglich entstanden, weil der Gesetzgeber über lange Jahre kein spezifisches Gesetz für Psychotherapeuten schuf. Die Rechtsprechung hielt es damals nicht für angemessen, die Überprüfung mit sämtlichen Fächern Personen zuzumuten, die nur Psychotherapien durchführen wollten. Zu Beginn betraf diese Rechtsprechung nur Diplom-Psychologen, die durch ihr Studium schon eine gewisse einschlägige Vorbildung auf dem Gebiet der Psychotherapie erfahren hatten. Nach Meinung der Richter höherer Instanzen verfügten sie bereits über ausreichende diagnostische Fähigkeiten in Bezug auf das einschlägige Krankheitsbild und die

---

[7] Stock, Christof: Die Situation der Psychotherapeuten ohne Psychologiediplom, MedR 2003 554 ff.

Befähigung, Patienten entsprechend der Diagnose psychotherapeutisch zu behandeln[8].

Deshalb wurde die Möglichkeit geschaffen, nur eine eingeschränkte Heilpraktikererlaubnis zu beantragen. Es ist die auf die Durchführung von Psychotherapie beschränkte Heilkundeerlaubnis nach dem Heilpraktikergesetz. Vereinfacht spricht man vom sog. „kleinen Heilpraktikerschein".

In Bezug auf die Überprüfung sollten die Behörden zunächst nach Aktenlage entscheiden, d.h. sie sollten feststellen, ob die akademische Vorbildung, aber auch die Ausbildung an einem psychotherapeutischen Institut[9] zum Erwerb dieser eingeschränkten Heilpraktikererlaubnis genügte. Eine schriftliche oder mündliche Überprüfung war dann nicht erforderlich. Es erging eine Entscheidung nach Aktenlage.

Diese Rechtsprechung wurde später auf andere akademische Psychotherapeuten übertragen, insbesondere auf Pädagogen, Sozialpädagogen und Soziologen[10], allerdings in den einzelnen Bundesländern sehr unterschiedlich umgesetzt. In Nordrhein-Westfalen beispielsweise gibt es in der Verordnung zur Ausführung des Heilpraktikergesetzes eine Liste der Institute, bei denen die Psychotherapieausbildung anerkannt wird; in Berlin hingegen wird wohl stets eine schriftliche und eine mündliche Prüfung durchgeführt.

---

[8] BVerfG, Beschl. v. 10.05.1988 – 1 BvR 482/84 – 1166/85 – NJW 1988, 2290

[9] Das Institut musste nicht zur Ausbildung in einem Richtlinienverfahren zugelassen sein.

[10] BVerwG, Urt.v.21.01.1993 – 3 C 34.90 – BVerwG 91, 356, NJW 1993, 2395; BVerfG Beschl.v.24.10.1994 – 1 BvR 1016/89BVerfG Beschl.v.24.10.1994 – 1 BvR 1016/89 – (unveröffentlicht)

Die Praxis der Erteilung einer (eingeschränkten) Heilpraktiker-erlaubnis ist mit anderen Worten selbst in einem einzigen Bundesland durchaus unterschiedlich.

Immerhin: Die einmal erteilte Approbation oder Heilpraktiker-erlaubnis gilt bundesweit.

1.2 Beratung / Coaching / Supervision

Die Durchführung von Ehe- und Familienberatung, Coaching oder Supervision ist auch rechtlich zu unterscheiden von der Psychotherapie. Die erstgenannten Bereiche zählen nicht zur Ausübung der Heilkunde und sind insoweit nicht erlaubnispflichtig[11].

Psychotherapie und Beratung haben oft einen gemeinsamen Ausgangspunkt: Jemand befindet sich in einer persönlichen Konfliktsituation oder Notlage und sucht nach professioneller Unterstützung. Beide Hilfestellungen verknüpfen die aktuelle Lebenssituation mit der Geschichte und Herkunft des Klienten, zielen auf die Entdeckung von nicht gelebten Lebensbereichen und die Einübung erfolgreicher Lebensstrategien[12]. Psycho-therapeutische Methoden werden auch in der Beratung eingesetzt und umgekehrt.

---

[11] Stock, Christof: Rechtliche Bezüge und Herausforderungen von Beratung und Therapie, in: Sanders, Rudolf / Klann, Notker; Beratung aktuell, Zeitschrift für Theorie und Praxis der Beratung, Sonderausgabe 2009 „Beratung auf dem Weg zur Akademisierung", www.active-books.de/beratung-aktuell.html 2009

[12] Zwicker-Pelzer. Renate, "Beratung auf dem Weg der Professionalisierung", ZSTB, 2008, 221–225.; Singe, Georg, "Differenzen erzeugen Systeme: Anmerkungen zur Abgrenzung von systemischer Beratung und systemischer Therapie," ZSTB, 2008, 232-237.; Wilbertz, N., Ehe-, Familien- und Lebensberatung im Erzbistum Münster.

Die Abgrenzung zwischen diesen sehr eng miteinander verwandten Tätigkeitsfeldern ist deshalb schwierig. Im Zweifelsfall ist der Besitz einer heilkundlichen Erlaubnis zu empfehlen.

Für die Differenzierung gibt das Psychotherapeutengesetz insoweit eine gewisse Hilfestellung, als es den Begriff der Psychotherapie von sonstigen psychosozialen Tätigkeiten unterscheidet. Psychotherapie ist jede Tätigkeit zur Feststellung, Heilung oder Linderung von Störungen mit Krankheitswert. Zur Ausübung von Psychotherapie gehören nicht psychologische Tätigkeiten, die die Aufarbeitung und Überwindung sozialer Konflikte oder sonstiger Zwecke außerhalb der Heilkunde zum Gegenstand haben[13].

1.3 Erlaubnisse aus dem Ausland

Die Ausübung der Heilkunde in Deutschland bedarf einer Genehmigung durch die zuständigen Behörden in Form einer Approbation oder Heilpraktikererlaubnis.

Ärzte und Psychotherapeuten, die Staatsangehörige eines Mitgliedstaates der Europäischen Union oder des Europäischen Wirtschaftsraums oder gleichberechtigter Staaten sind, dürfen den ärztlichen bzw. psychotherapeutischen Beruf in Deutschland auch ohne Approbation bzw. Berufserlaubnis ausüben, wenn sie vorübergehend und gelegentlich als Erbringer von Dienstleistungen tätig werden[14]. Die Dienstleistung muss der

---

[13] § 1 Abs. 3 PsychThG

[14] Stock, Christof: Europarecht der Heilberufe,. In: Stellpflug, Martin H. ; Meier, Sybille M. ; Tadayon, Ajang (Hrsg.): Handbuch Medizinrecht – Grundlagen – Rechtsprechung – Praxis. Heidelberg [u.a.] : Müller, 2013, – 978-3-8114-3310-6.

zuständigen Behörde schriftlich gemeldet werden. Diese Meldung ist einmal jährlich zu erneuern, solange die Absicht besteht, Dienstleistungen zu erbringen.

2. Die Berufsbezeichnung bei fehlender Approbation

2.1 Heilpraktiker

Zur Werbung gehört die richtige Berufsbezeichnung. Sie ist zum Teil gesetzlich vorgeschrieben: Das u.a. unter historischen Gesichtspunkten problematische[15] Heilpraktikergesetz (HPG) definiert nicht nur den Begriff der Heilkunde[16] und stellt die Ausübung des Berufs ohne Erlaubnis unter Strafe[17], sondern verpflichtet – jedenfalls grundsätzlich – den Heilpraktiker auch zur Führung der Berufsbezeichnung „Heilpraktiker" [18].

2.2 Psychotherapeutisch tätige Heilpraktiker

2.2.1 Die (fehlende) Verpflichtung zur Bezeichnung als „Heilpraktiker"

Besitzer einer auf die Psychotherapie beschränkten Heilpraktikererlaubnis wurden nach der früheren Rechtsprechung von der Verpflichtung befreit, sich Heilpraktiker zu nennen[19]. Mit dem Begriff des Heilpraktikers, "Laienmediziners" oder "Natur-

---

[15] Buchner, Reimar: Das Heilpraktikergesetz. In: Stellpflug, Meier, Tadayong (Hrsg.): Handbuch Medizinrecht. 2008, – 978-3-8114-3310978-3-8114-3110-6, S. B 4000

[16] § 1 Abs. 2 HPG

[17] § 5 HPG

[18] § 1 Abs. 3 HPG

[19] Stock, Die Situation der Psychotherapeuten ohne Psychologiediplom nach den Entscheidungen des Bundesverfassungsgerichts vom 16.03.00 und 23.06.00, MedR 2003, 554 ff.

heilkundigen" verbänden sich Vorstellungen, die den erst sehr viel später nach dem Inkrafttreten des HPG aufgekommenen Vorstellungen vom Berufsbild eines wissenschaftlich ausgebildeten Psychotherapeuten nicht entsprächen[20] .

Für Akademiker unter den Psychotherapeuten ist es sowohl bezüglich der Überprüfung als auch im Hinblick auf die Berufsbezeichnung nach Einführung des Psychotherapeuten-gesetzes (PsychThG) im Jahre 1999 grundsätzlich bei diesem Stand geblieben[21]. Dieses Gesetz hat zwar die Berufe des Psychologischen Psychotherapeuten und des Kinder- und Jugendlichenpsychotherapeuten eingeführt und auch deren Berufsbezeichnung unter besonderen Schutz gestellt. Der Gesetzgeber hat jedoch gleichzeitig deutlich gemacht, dass er im Hinblick auf die Erteilung der Heilpraktikererlaubnis beschränkt auf die Ausübung der Psychotherapie keine Veränderung wünscht.

2.2.2 Das Verbot, sich „Psychotherapeut" zu nennen

Mit dem PsychThG sind zwei neue Berufsbilder entstanden, die mit großen Wettbewerbsvorteilen gegenüber den „heilpraktischen" Psychotherapeuten „am Markt" sind: Erstmals wurden Psychotherapeuten approbiert, so dass sie Ärzten gleichgestellt sind:

- Absolventen des Studiengangs Psychologie erhalten nach einer zusätzlichen Psychotherapieausbildung und Prüfung die Approbation als Psychologischer Psychotherapeut. Die

---

[20] BVerfG, Beschl.v.10.05.1988 – 1 BvR 482/84, 1166/85 – NJW 1988, 2290
[21] OVG NRW Beschl.v. 07.08.2002 – 13 A 1253/01, NVwZ-RR 2003, 428

Behandlung von Patienten ist auf keine Altersgruppe beschränkt.

- Absolventen der Studiengänge Psychologie, Pädagogik oder Sozialpädagogik erhalten nach einer zusätzlichen Psychotherapieausbildung und Prüfung die Approbation als Kinder- und Jugendlichenpsychotherapeut. Ihre Approbation ist auf die Behandlung von Kindern und Jugendlichen bis zum 21. Lebensjahr beschränkt.

- Diese approbierten Psychotherapeuten können wie die Kassenärzte an der Versorgung der gesetzlich Krankenversicherten teilnehmen, sobald sie über eine entsprechende Kassenzulassung verfügen.

Zugleich wurde das folgende Verbot ausgesprochen:

„Die Bezeichnung „Psychotherapeut" oder „Psychotherapeutin" darf von anderen Personen als Ärzten, Psychologischen Psychotherapeuten oder Kinder- und Jugendlichen- psychotherapeuten nicht geführt werden."[22]

Auch eine Berufsbezeichnung zu führen, die derjenigen des Psychotherapeuten zum Verwechseln ähnlich ist, ist verboten und unter Strafe gestellt[23].

Für psychotherapeutisch tätige Heilpraktiker stellen sich deshalb gravierende Abgrenzungsprobleme, denn:

- Welche Bezeichnungen sind derjenigen eines Psychotherapeuten zum Verwechseln ähnlich?

- Welche Bezeichnungen sind erlaubt für Inhaber von Heilpraktiker-Erlaubnissen zur Durchführung von Psychotherapien:

---

[22] § 1 Abs. 4 PsychThG
[23] § 132a Absatz 2 Strafgesetzbuch, Abdruck siehe oben.

- Psychotherapeut (HPG)?
- Psychotherapeutischer Heilpraktiker?
- Heilpraktischer Psychotherapeut?
- Fachtherapeut für Psychotherapie (nach dem Heilpraktikergesetz)?
- Körperpsychotherapeut?

2.2.3 Die Berufsbezeichnung aufgrund der Heilpraktiker-Erlaubnis

Die Fragen sind weitgehend geklärt, wenn bei Erteilung einer (eingeschränkten) Heilpraktiker-Erlaubnis auch eine Entscheidung über die Berufsbezeichnung getroffen wurde. Die Erlaubnisse enthalten gelegentlich entsprechende Gebote oder Verbote.

Schon vor Inkrafttreten des PsychThG war trotz der eindeutigen Rechtsprechung nicht klar, wie sich die Inhaber einer auf das Gebiet der Psychotherapie beschränkten Heilpraktiker-Erlaubnis bezeichnen sollten.

Die Gesundheitsämter haben daher häufig in dem Bescheid über die Erteilung der Erlaubnis vorgeschrieben, wie sich die Erlaubnisinhaber bezeichnen sollten. Allerdings wurde dies nicht nur von Bundesland zu Bundesland, sondern oftmals auch von Gesundheitsbehörde zu Gesundheitsbehörde unterschiedlich praktiziert: Häufig wurden keine Berufsbezeichnungen vorgegeben; es finden sich aber auch ausdrückliche Aufforderungen, sich „Psychotherapeut", „Psychotherapeutischer Heilpraktiker" oder „Heilpraktiker für Psychotherapie" zu nennen, oftmals auch verbunden mit dem speziell angebotenen/erlernten Therapieverfahren, also „Körper(psycho)therapie", „Gestalt-(psycho)therapie" o.ä..

Nach Inkrafttreten des PsychThG wurden diese Bescheide bislang nicht zurückgenommen oder widerrufen. Dies selbst dann nicht, wenn der Erlaubnisinhaber ursprünglich ausdrücklich dazu aufgefordert wurde, sich „Psychotherapeut" zu nennen, und dies der neuen Gesetzeslage widerspricht[24] . Nachdem das Bundesverfassungsgericht[25] nun schon vor einigen Jahren entschieden hat, dass die neue Regelung des PsychThG über den Schutz der Berufsbezeichnung „Psychotherapeut" verfassungskonform ist, wird man sich insoweit kaum noch erfolgreich auf den Bestandsschutz seiner bisherigen Heilpraktikererlaubnis berufen können[26].

2.2.4 Der Hinweis auf psychotherapeutische Spezialkenntnisse

Eine Verfassungsbeschwerde aus dem Jahr 1999 richtete sich unmittelbar gegen das PsychThG, denn dieses Gesetz untersagte das Führen der Berufsbezeichnung „Psychotherapeut." Als das PsychThG eingeführt wurde, sah das Bundesverfassungsgericht in dem Verbot, sich auch weiterhin Psychotherapeut zu nennen, keinen Verstoß gegen die Berufsfreiheit.

Den Betroffenen bliebe die Möglichkeit, auf ihre jeweiligen Spezialkenntnisse – etwa in Gesprächstherapie oder in Neurolinguistischem Programmieren – hinzuweisen[27]. Dasselbe gilt natürlich auch für die Körpertherapie.

Darauf folgt als Zwischenergebnis:

---

[24] Ohne Approbation ist eine solche Berufsbezeichnung unzulässig.

[25] BVerfG, Beschl.v. 28.07.1999 – 1 BvR 1056/99 – NJW 1999, 2730

[26] Zur Klarstellung: Die Heilpraktikererlaubnis hat Bestand – die Berufsbezeichnung in dieser Erlaubnis wohl eher nicht!

[27] BVerfG, Beschl.v. 28.07.1999 – 1 BvR 1056/99 – NJW 1999, 2730

1. Eine Verpflichtung, die Bezeichnung „Heilpraktiker" bzw. „Psychotherapeutischer Heilpraktiker" o.ä. zu führen, besteht nicht nach Erteilung der Heilpraktikererlaubnis zur Durchführung von Psychotherapie (sog. „kleiner Heilpraktikerschein").

2. Die Berechtigung, die Berufsbezeichnung „Psychotherapeut" zu führen, besteht nur aufgrund einer erteilten Approbation als Psychologischer Psychotherapeut oder Kinder- und Jugendlichenpsychotherapeut.

Die Berechtigung, auf bestimmte Spezialkenntnisse hinzuweisen, besteht. Diese können z.B. sein: Gesprächstherapie, Gestalttherapie, Körpertherapie, Integrative Körperarbeit, Biodynamische Massage, Craniosacrale Therapie u.a.m..

Ob auch Berufsbezeichnungen gewählt werden dürfen, die das Wort „Psycho" enthalten (z.B. Biodynamische Körperpsychotherapie, Biodynamische Psychologie, Körperpsychotherapie), bleibt in den folgenden Kapiteln zu klären.

2.2.5 Erlaubte Berufsbezeichnungen ohne und mit „Psycho"

Verständlicherweise gibt es bei den betroffenen Inhabern der auf die Psychotherapie beschränkten HPG-Erlaubnisse den Wunsch, irgendwie den Begriff Psychotherapeut (z.B. „Körperpsychotherapeut") oder Psychotherapie (z.B. „Körperpsychotherapie", „Gestaltpsychotherapie") in der Berufs- oder Praxisbezeichnung (mit) zu verwenden. Hier bestehen besonders viele Unsicherheiten.

Wer es sich einfach machen will, der sei auf den Schluss des vorigen Kapitels verwiesen: Zulässig ist es, bei der Berufsbezeichnung das Wort „Psycho" einfach wegzulassen und sich zum Beispiel „Körpertherapeut" zu nennen. Ebenso unproblematisch zulässig sind die Bezeichnungen der jeweiligen Spezialkenntnisse wie z.B. „Körpertherapie, Integrative Körperarbeit, Biodynamische Massage, Craniosacrale Therapie" usw..

In diesem Zusammenhang kann ebenso unproblematisch der Hinweis auf die Heilpraktikererlaubnis erfolgen. Auf welche Art dies geschieht, ist ebenfalls freigestellt: „Heilpraktikerin – Körpertherapie" ist ebenso zulässig wie „körpertherapeutischer Heilpraktiker" oder „Biodynamische Massage (HPG)".

Wie aber ist nun mit dem Wort „Psycho" in der Berufsbezeichnung umzugehen? Immerhin wurde ja die eingeschränkte Heilpraktikererlaubnis zur Durchführung von Psychotherapie erteilt, also ist doch der Wunsch berechtigt, zumindest auch das Wort „Psychotherapie" in der Berufsbezeichnung zu führen!?

Strenge Juristen vertreten die Auffassung, es sei schlicht verboten, die Wörter „Psychotherapie" oder „psychotherapeutisch" in der Berufsbezeichnung zu führen, wenn man keine Approbation hat[28]. Dies ist eine in der Literatur vertretene Meinung. Ich halte sie für zu weitgehend. Die Rechtsprechung[29]

---

[28] Jerouschek, § 1 Rdnr. 14

[29] OVG Lüneburg, Beschl.v. 07.02.2011 – 8 LA 71/10 –, Zulässigkeit der Verwendung der Berufsbezeichnung "Heilpraktiker für Psychotherapie" (entgegen Vorinstanz), GewArch 2011, 359 ff.LG Oldenburg – 1 O 1295/08 – –, Unzulässige Werbung mit "Praxis für Psychotherapie"einer Heilpraktikerin ohne Hochschulabschluß,; LG München I, Beschl.v. 09.03.2009 – – 16 T 19321/08 – –, Unzulässigkeit des Vereinsnamens "Berufsverband der Fachtherapeuten für Psychotherapie (HPG)", LG Bamberg, Urt. v. 19.10.2004 , Wettbewerbsrechtliche Unterlassungsverpflichtung gegenüber einem Verein, der mit einer Ausbildung zum "Fachtherapeuten für Psychotherapie" wirbt.

ist nicht einheitlich, so dass hier keine eindeutige Lösung des Problems präsentiert werden kann.

Interessant in diesem Zusammenhang sind die Empfehlungen, die die Länderministerien nach dem Inkrafttreten des PsychThG ausgesprochen haben. Nachdem es den sog. „kleinen Heilpraktikerschein" nach wie vor gibt, mussten sie nach Inkrafttreten des PsychThG Vorschläge erarbeiten, wie sich die Kandidaten in Zukunft nennen sollten.

Für den Erwerb der HPG-Erlaubnis nach dem Inkrafttreten des Psychotherapeutengesetzes am 01.01.1999 haben die Bundesländer die folgenden Formulierungen gewählt, zum Beispiel[30]:

- „Heilpraktiker, eingeschränkt für den Bereich Psychotherapie"
- „Psychotherapeutischer Heilpraktiker",
- „Heilpraktikerin (Psychotherapie) "[31]

Sie verpflichten die Erwerber der Erlaubnis zur Führung dieser Berufsbezeichnungen, die eben auch einen deutlichen Hinweis auf „den Heilpraktikerschein" enthalten. Das entspricht zwar nicht der bisher ergangenen Rechtsprechung, wonach der akademische Psychotherapeut sich eben gerade von dem Heilpraktiker unterscheiden sollte, wird aber durchgängig so praktiziert.

Unproblematisch dürften neben den vorstehenden Bezeichnungen daher auch die folgenden sein:

---

[30] Nach einem Schreiben des Ministeriums für Arbeit, Gesundheit und Soziales NRW vom 10.01.2005 - III 7 - 0401.8 - seien die ersten drei hier aufgeführten Bezeichnungen mit der Bund-Länder-Arbeitsgruppe „Berufe des Gesundheitswesens" abgestimmt und entsprächen der Erlasslage in NRW.

[31] Anlage 2 des Runderlasses des Ministeriums für Frauen, Jugend, Gesundheit und Soziales NRW vom 18.05.1999 - MinBl NW Nr. 41, S. 812, 817; ebenso Baden-Württemberg, Hamburg, Rheinland-Pfalz, Sachsen; Mecklenburg-Vorpommern, Sachsen-Anhalt und Thüringen verwenden nur Ziffer 1

- „Heilpraktikerin für Psychotherapie" [32] oder
- „Praxis für Psychotherapie nach dem Heilpraktikergesetz"[33].

Wenn den Kandidaten seit 1999 empfohlen wird, sich nach bestandener Prüfung entsprechend zu benennen, kann davon ausgegangen werden, dass diese Bezeichnungen inzwischen gebräuchlich sind. Deshalb und weil sich auch nach dem allgemeinen Verständnis der „Heilpraktiker" von dem „Approbierten" unterscheidet, sind derartige Bezeichnungen zulässig.

Es fällt allerdings auf, dass in den obigen Vorschlägen der Bundesländer nur das Wort „Psychotherapie", nicht aber „Psychotherapeut" vorkommt. Soll demnach die Berufsbezeichnung „Psychotherapeutischer Heilpraktiker", nicht aber „Heilpraktischer Psychotherapeut" zulässig sein?

Nach der Gesetzeslage ausschlaggebend ist die „Verwechslungsgefahr" mit dem approbierten Psychotherapeuten. Das Gesetz schützt seine Berufsbezeichnung „Psychotherapeut". Das bedeutet: Jeder Laie muss bei der Berufsbezeichnung eines Psychotherapeuten erkennen können, um wen es sich handelt – einen approbierten Psychotherapeuten oder einen auf das Gebiet der Psychotherapie zugelassenen Heilpraktiker.

Für die Zulässigkeit der Verwendung der Begriffe „Psychotherapeut" bzw. „Psychotherapie" ist bei dem Inhaber einer Erlaubnis nach dem HPG entscheidend, ob nach dem Gesamtbild

---

[32] OVG Lüneburg, Beschl.v. 07.02.2011 – 8 LA 71/10 –, Zulässigkeit der Verwendung der Berufsbezeichnung "Heilpraktiker für Psychotherapie" (entgegen Vorinstanz), GewArch 2011, 359 ff.

[33] In Baden-Württemberg nach einem Schreiben vom 09.11.2005 an die GBP verboten sind: Therapeutin für Psychotherapie, Praxis für Psychotherapie, Psychotherapeutische Praxis, Heilpraktiker für Psychotherapie

der Berufs- oder Praxisbezeichnung für einen Laien erkennbar wird, dass es sich hier nicht um einen approbierten Psychotherapeuten handelt. Es hängt also vom Einzelfall ab, ob ein potentieller Patient die berufliche Tätigkeit des Erlaubnisinhabers von derjenigen eines approbierten Psychotherapeuten unterscheiden kann. Dies gelingt mit der gleichzeitigen Bezeichnung „Heilpraktiker".

Das bedeutet:

Wer die Bezeichnung „Psycho" in seine Berufsbezeichnung aufnimmt, sollte, um eine juristische Auseinandersetzung zu vermeiden, gleichermaßen auf den Heilpraktikerstatus hinweisen. Das gilt für jedwede Verwendung des Begriffs Psychotherapie, Psychologie, Psychologe und Psychotherapeut.

Die Verpflichtung, auf den Heilpraktikerstatus hinzuweisen, gilt selbstverständlich auch für Wortkombinationen wie „Körperpsychotherapie" und „Körperpsychotherapeutischer Heilpraktiker".

Sie gilt gleichermaßen für Inhaber der uneingeschränkten Heilpraktikererlaubnis. Es ist also m. E. zulässig, z.B. folgende Berufsbezeichnungen zu wählen:

- Helga M., Heilpraktikerin, „Praxis für Körperpsychotherapie"
- Jürgen S., „Psychotherapeutischer Heilpraktiker für Integrative Körperarbeit",
- Natalia F., „Biodynamische Massage, Psychotherapie nach dem Heilpraktikergesetz"

Im Gegensatz zu dem nordrhein-westfälischen Ministerium für Arbeit, Gesundheit und Soziales[34] halte ich die Berufsbezeichnung „Heilpraktiker für Psychotherapie" weder für

---

[34] MAGS NRW, s. Fußn. 17

irreführend noch für unzulässig[35]. Sie entspricht den oben genannten, für zulässig gehaltenen Bezeichnungen und ist auch nicht der Bezeichnung „Psychotherapeut" zum Verwechseln ähnlich.

Unzulässig ist es hingegen, den Begriff „Psychotherapeut" und Heilpraktiker nebeneinander zu stellen (Susanne G., Psychotherapeutin und Heilpraktikerin), wenn man nicht auch die Approbation besitzt. Denn hier wird nicht genügend darauf hingewiesen, dass die rechtliche Grundlage für die Berufstätigkeit eben nicht die Approbation, sondern nur die Heilpraktikererlaubnis ist.

Wer meint, dem Gesetz durch Hinzufügen von Abkürzungen („Psychotherapeut – HPG") Genüge zu tun, der irrt. Von einem Laien wird man nicht erwarten können, dass er derartige Kürzel richtig interpretiert.

Schließlich ist zu diskutieren, ob der Begriff „Psychotherapie" für sich genommen und ohne den Verweis auf den Heilpraktiker-status verwendet werden darf (z.B. „Susanne S., Körper-psychotherapie").

Dazu muss zunächst festgestellt werden, dass die Verwendung des Begriffs „Psychotherapie" an sich zulässig ist: Er ist – anders als die Berufsbezeichnung „Psychotherapeut" – nicht geschützt. Eine Initiative, anlässlich einer Novellierung des PsychThG den Schutz auszudehnen, wurde von dem Gesetzgeber bislang nicht aufgegriffen. Das PsychThG betrifft darüber hinaus nur einen Ausschnitt aus der Psychotherapie, denn von diesem Gesetz

---

[35] So auch: OVG Lüneburg, Beschl.v. 07.02.2011 – 8 LA 71/10 –, Zulässigkeit der Verwendung der Berufsbezeichnung "Heilpraktiker für Psychotherapie" (entgegen Vorinstanz), GewArch 2011, 359 ff.

ausgenommen sind psychotherapeutische Tätigkeiten außerhalb der Heilkunde (z.B. Familienberatung) und nicht wissenschaftlich anerkannte Verfahren[36]. Die überwiegende Mehrzahl der psychotherapeutischen Verfahren (Körpertherapie, Gestalttherapie, Systemische Therapie, Psychodrama, um nur einige zu nennen) gelten noch[37] nicht als wissenschaftlich anerkannt[38].

Auch vor dem Hintergrund der verfassungsgerichtlichen Rechtsprechung, die ja gerade auf die Möglichkeit der Nennung spezieller Therapiemethoden hingewiesen hat, ist es zulässig, derartige Verfahren auch als Psychotherapie zu bezeichnen (z. B. Körperpsychotherapie, Gestaltpsychotherapie).

Die Durchführung bestimmter Therapieverfahren ist weder den approbierten noch den nicht approbierten Psychotherapeuten vorbehalten. Wettbewerbsrechtlich liegt also kein Verstoß vor, wenn jemand z.B. „Verhaltenstherapie" durchführt und damit wirbt. Auch wenn andere Autoren hier eine abweichende Meinung[39] vertreten, ist die Verwendung des Begriffs „Körperpsychotherapie", „Gestaltpsychotherapie" oder „Verhaltenspsychotherapie" erlaubt.

---

[36] § 1 Abs. 3 PsychThG; dieselbe Einschränkung in dem nordrhein-westfälischen Runderlass vom 18.05.1999 – III B 2 – 0401.2 – MinBl NRW S. 812 ff, Ziffer 1.2 halte ich im Hinblick auf das Schutzgut der Volksgesundheit und den in der Rechtsprechung entwickelten Heilkundebegriff für problematisch.

[37] verschiedene Juristen sprechen sich für die weitere Anerkennung von Therapieverfahren aus; Jerouschek, § 1 Rdnr. 31

[38] Stock, Psychotherapeutengesetz und fortschrittliche Therapieverfahren – Mehr geschadet als genützt? Psychotherapie Forum, Zeitschrift der deutschsprachigen Psychotherapeutenverbände in der European Association For Psychotherapy EAP, Heft 4/2002, Seite 144 ff.

[39] s. Fußn. 18

Ein Inhaber der Heilpraktikererlaubnis, der ausschließlich auf seine Psychotherapiemethode verweist, ohne zugleich den Heilpraktikerstatus offen zu legen, muss jedoch mit Schwierigkeiten rechnen. Ein Laie kann nicht zwischen wissenschaftlich anerkannten und noch nicht anerkannten Verfahren unterscheiden.

Deshalb wird sich derjenige, der nur mit dem Begriff „Psychotherapie" wirbt, dem Vorwurf ausgesetzt sehen, bei einer solchen Berufsbezeichnung handele es sich in Wirklichkeit um eine Umgehung des PsychThG[40].

Hier muss juristisch scharf unterschieden werden: Strafrechtlich geschützt ist die Berufsbezeichnung „Psychotherapeut" und eine solche Bezeichnung, die derjenigen zum Verwechseln ähnlich ist. Eine solche wählt, wer neben seinem Namen nur den Zusatz „Psychotherapie" führt.

Wer ausschließlich den Verweis auf seine spezielle Psychotherapiemethode in der Berufs- oder Praxisbezeichnung führt, muss zumindest damit rechnen, dass ihm über kurz oder lang eine juristische Auseinandersetzung droht. Die Psychotherapeutenkammern und Berufsverbände reagieren durchaus, wenn sie einen vermeintlichen Wettbewerbsverstoß feststellen. Derartige Auseinandersetzungen können teuer werden. Parallel dazu kann sich ein Strafverfahren immer dann ergeben, wenn jemand Strafanzeige erstattet.

---

[40] LG München I, Beschl.v. 09.03.2009 - - 16 T 19321/08 - -, Unzulässigkeit des Vereinsnamens "Berufsverband der Fachtherapeuten für Psychotherapie (HPG)"; LG Bamberg, Urt. v. 19.10.2004 , Wettbewerbsrechtliche Unterlassungsverpflichtung gegenüber einem Verein, der mit einer Ausbildung zum "Fachtherapeuten für Psychotherapie" wirbt, Jerouschek § 1 Rdnr. 14

Ratsam ist es daher in jedem Fall, neben dem Hinweis auf die spezielle Psychotherapiemethode auch den Verweis auf die für das Gebiet der Psychotherapie beschränkte Heilkundeerlaubnis aufzunehmen.

2.3 Europäische und internationale Berufsbezeichnungen

Der Beruf des Psychotherapeuten ist europarechtlich noch nicht generell anerkannt, d.h. eine automatische Anerkennung von Ausbildungen oder einer Praxistätigkeit in anderen EU-Ländern erfolgt nicht. Dementsprechend muss ein EU-Bürger mit derartigen Berufsqualifikationen für die Tätigkeit in Deutschland eine Approbation oder Berufserlaubnis beantragen. Zumindest benötigt er die auf das Gebiet der Psychotherapie beschränkte Heilpraktikererlaubnis nach deutschem Recht.[41]

Das gleiche gilt für die Berechtigung, einen Titel oder eine Berufsbezeichnung führen zu dürfen: Wer z.B. aufgrund der Eintragung in die österreichische Psychotherapeutenliste berechtigt ist, sich dort als "Psychotherapeut" zu bezeichnen, kann dies nicht automatisch auch in einem anderen EU-Land tun. Vielmehr muss der aufnehmende Staat die Ausbildungs- und Befähigungsnachweise aufgrund der europäischen Richtlinien und deren innerstaatliche Umsetzung überprüfen und die Gleichwertigkeit feststellen. Bei fehlender Gleichwertigkeit kann ein Ausgleich durch einen Praxisnachweis oder das Bestehen eines Anpassungslehrgangs vorgenommen werden.

---

[41] Stock, Christof: Europarecht der Heilberufe. In: Stellpflug, Martin; Meier, Sybille ; Tadayon, Ajang (Hrsg.): Handbuch Medizinrecht. C.F. Müller, 2013, – 978-3-8114-3310-6, S. B 6000

Von dem Europäischen Dachverband „European Association For Psychotherapy" (EAP) ist das Zertifikat „European Certificate of Psychotherapy (ECP)" eingeführt worden.

Das ECP-Zertifikat ist ein rein privatrechtliches, das heißt die (staatliche) Berechtigung zur Ausübung des Psychotherapeutenberufes oder zur Führung dieser Berufsbezeichnung ist damit nicht verbunden.

Registriert ist darüber hinaus nur die Bezeichnung **"Psychotherapist European Registered (ECP)"** [42]. Sie ist nicht identisch mit der Bezeichnung „European Certificate of Psychotherapy" oder ähnlichen Abwandlungen. Aus der Registrierung folgt aber nur, dass ausschließlich der Markeninhaber diese Bezeichnung der Dienstleistung "Psychotherapist European Registered (ECP)" vergeben darf, sie also kein Allgemeingut ist.

Der europäische Dachverband EAP – oder stellvertretend für ihn eine entsprechende nationale Organisation – bestätigt mit der Verleihung des Zertifikats, dass sein Inhaber die von dem Verband aufgestellten Qualifikationsanforderungen zur Durchführung von Psychotherapie erfüllt. Eine Berechtigung, etwa aufgrund Europarechts diese Bezeichnung in Deutschland per se zu führen, ist damit nicht verbunden.

Die englischsprachigen Bezeichnungen "Psychotherapist European Registered (ECP)" oder „European Certificate of Psychotherapy (ECP)" macht für jeden Laien erkennbar, dass es sich um jemand anderen handelt, als um einen nach deutschem

---

[42] Einschreibnummern 0654944 für den "Psychotherapist European Registered (ECP)" und 0652163 für den „Psychotherapist ER" des Benelux-Merkenbureau Den Haag.

Recht approbierten „Psychotherapeuten". Diese Bezeichnung ist der letztgenannten nicht zum Verwechseln ähnlich und deshalb erlaubt.

Sobald man allerdings die englischsprachige Bezeichnung verlässt, nähert man sich naturgemäß dem deutschen Problem der Berufsbezeichnung. Auch nach den vorigen Kapiteln dürfte es unproblematisch sein, sich etwa „Helga Mustermann Heilpraktikerin, ECP" zu bezeichnen. Ob mit dem Zusatz ECP jeder zukünftige Klient etwas anfangen kann, ist keine juristische Frage.

Deutlich werbewirksamer dürfte etwa **„Europäisches Zertifikat für Psychotherapie, ECP"** sein, ggf. mit dem Hinweis „seit 2002" o.ä.. Hier gilt das gleiche wie zur Verwendung des Begriffs „Psycho" in dem vorigen Kapitel: Ohne einen ausdrücklichen Hinweis, dass die Berufserlaubnis ausschließlich (!) auf die Erteilung der Heilpraktikererlaubnis zurückgeht, ist diese deutschsprachige Bezeichnung problematisch.

2.4 Ergebnisse und Beispiele für Berufsbezeichnungen

- Wer den Begriff „Psycho" in die Berufs- oder Praxisbezeichnung aufnehmen möchte, ohne approbiert zu sein, kommt nicht umhin, zugleich auf die Heilpraktikererlaubnis hinzuweisen.
- Ein Hinweis auf die spezielle Psychotherapiemethode (z.B. „Körperpsychotherapie") ist zulässig.
- Wer ausschließlich auf die Psychotherapiemethode aufmerksam macht, ohne zugleich auf die Heilpraktikererlaubnis hinzuweisen, muss eine juristische Auseinandersetzung einkalkulieren.

- Diese Ausführungen gelten für jedweden Inhaber der Heilpraktikererlaubnis.

Der besseren Übersicht halber verweisen wir auf die jeweilige Seite. Nicht alle aufgeführten Bezeichnungen wurden für zulässig erachtet!

3. Der rechtliche Rahmen für das Marketing

„Tue Gutes und rede darüber!" – Dies könnte die neue Tendenz im Gesundheitswesen sein, denn inzwischen ist es den Angehörigen der Heilberufe grundsätzlich erlaubt, sachdienliche Werbung zu verbreiten.

Das war nicht immer so: Bis zu einer Grundsatzentscheidung des Bundesgerichtshofes vom 29.06.1989[43] wurde von einem allgemeinen Werbeverbot des Heilpraktikers ausgegangen. Als Ausübender eines Heilberufes wurde er dem Arzt und dessen berufsordnungsrechtlich geregeltem Werbeverbot gleichgestellt. Setzte er sich über dieses Werbeverbot hinweg, konnte er nach dem Gesetz gegen den unlauteren Wettbewerb (UWG), z.B. durch Kollegen oder Heilpraktikerverbände auf Unterlassung und Schadensersatz in Anspruch genommen werden.

Inzwischen ist nicht zuletzt aufgrund geänderter Rechtsprechung ein grundsätzlicher Wandel eingetreten und es ist nahezu selbstverständlich, dass die Angehörigen der Freien Berufe[44] mit eigenen Flyern, Homepages usw. an die Öffentlichkeit gehen.

Der Hintergrund für diese Entwicklung ist sicherlich das gesteigerte Informationsbedürfnis der Bevölkerung, aber auch die ökonomischen Schwierigkeiten derjenigen, die Gesundheitsdienste anbieten. Schließlich hat sich auch der juristische Begriff der Werbung gewandelt: Danach ist Werbung jedwede Handlung zu Zwecken des Wettbewerbs, die den Absatz von Waren oder

---

[43] BGH,Urt.v. 29.06.1989 – AZ: I ZR 166/87
[44] Heilpraktiker, Ärzte, Rechtsanwälte, Apotheker

Dienstleistungen fördern soll[45]. Damit wird _jede_ Information in eigener Sache zugleich dem Begriff der Werbung zuzuschreiben sein. Auch eine noch so neutral formulierte Aufklärung, Meinungsäußerung oder Information enthält ein Stück Werbewirksamkeit. Deshalb kommt es weniger darauf an, ob eine bestimmte Handlung dazu bestimmt ist, den Absatz zu fördern oder nicht. Im Zweifel ist es Werbung.

Entscheidend ist dann nur noch, welche Werbung den Heilpraktikern erlaubt ist und welche nicht.

Für die Beantwortung dieser Frage gibt es bestimmte rechtliche Vorgaben, die nachfolgend erörtert werden. Es kann an dieser Stelle jedoch nicht genügend betont werden, dass es sich hier nur um generelle Informationen handelt, während die Frage, ob eine bestimmte Werbung zulässig oder verboten ist, immer auch eine Einzelfallentscheidung ist. Wie die Entwicklung in der Rechtsprechung zeigt, unterliegt die Zulässigkeit bzw. Unzulässigkeit von Werbung der Heilpraktiker dem gesellschaftlichen Wandel. Was früher verboten war, ist heute zumindest teilweise erlaubt. Das hängt auch damit zusammen, dass hier verschiedene Grundrechte miteinander konkurrieren: Korrespondierend zu der Meinungs- und Berufsfreiheit des Heilpraktikers, Informationen über seine eigene Berufstätigkeit in publikumswirksamer Form nach außen dringen zu lassen, besteht das Grundrecht des Patienten auf Informationsfreiheit. Der Patient hat das Recht auf Information, der Heilpraktiker das Recht, über seine Arbeit zu informieren. Beide Rechte sind grundgesetzlich durch Art. 5 Abs. 1 Grundgesetz geschützt.

---

[45] Rieger, H-J., in: Engler/Geserich/Räpple/Rieger, Werben und Zuwenden im Gesundheitswesen, Rdnr. 371 m.w.N.

Eine Einschränkung der Werbemöglichkeiten im Bereich der Heilkundeausübung bedarf daher immer einer grundgesetzlichen Rechtfertigung. Eingriffe in die Möglichkeiten eines Heilpraktikers zur Außendarstellung dürfen nur soweit geschehen, wie sie für die Durchsetzung von Gemeinwohlbelangen – z.B. dem Schutzgut der Volksgesundheit – unbedingt notwendig sind[46].

Der Grundsatz ist also:

Es besteht ein Interesse der Allgemeinheit an Sachinformationen des Heilpraktikers, solange sie zutreffen und nicht irreführender Natur sind.

Im Bereich des Heilpraktikerrechts konkretisieren nun im Wesentlichen zwei Gesetze die Frage, was erlaubt bzw. verboten ist:

- Das Heilmittelwerbegesetz ist konzentriert auf den Gesundheitssektor, das heißt auf die Werbung mit oder für Heilmittel. Dazu gehören Verfahren und Behandlungen, die sich auf die Ausübung der Heilkunde erstrecken, also auch die psychotherapeutischen Verfahren.

- Das Gesetz gegen den unlauteren Wettbewerb gilt für jeglichen geschäftlichen Verkehr und verbietet Handlungen, die gegen die guten Sitten verstoßen.

Die Maßstäbe, mit denen die Werbung von Heilpraktikern für zulässig oder unzulässig erachtet wird, entsprechen häufig denjenigen von Ärzten. Dabei fehlt bei den Heilpraktikern die dritte Säule, die das Gewerberecht bei Ärzten und Psychologischen Psychotherapeuten normiert, nämlich das ärztliche bzw. psychotherapeutische Berufsrecht. Die Regelungen

---

[46] BVerwG, Urteil vom 5.5.2001 (Akupunkturentscheidung; betr. Ärztliche Berufsordnung) – 3 C 25/00, NJW 2001, 3425 ff.

in den Musterberufsordnungen für Ärzte bzw. Psychotherapeuten, die von den Ärzte- bzw. Psychotherapeutenkammern aufgestellt werden und eben gerade nicht auch
für Heilpraktiker gelten, wurden bisher als besonders streng
angesehen. Durch die neuere Rechtsprechung und in deren Folge
die Änderung der MBO-Ä bzw. MBO-PP/KJP[47] hat sich hier jedoch
einiges gelockert, so dass man prinzipiell von dem gleichen
Werberecht der Ärzte und der Heilpraktiker ausgeht.

3.1 Das Heilmittelwerbegesetz

Mit Wirkung zum 06.09.2005 wurde das Heilmittelwerbegesetz
zum Teil verschärft und zum Teil gelockert, die Grundsätze sind
jedoch geblieben. In § 3 beschreibt das Heilmittelwerbegesetz
die Unzulässigkeit einer "irreführenden Werbung". Eine solche
Irreführung liegt insbesondere dann vor, wenn durch die
Behandlung ein bestimmter Erfolg garantiert wird. Gerade im
sensiblen Bereich der Gesundheitsinformationen kommt es
darauf an, sachlich zu informieren und nicht Fehlvorstellungen in
einem Patienten über die Wirksamkeit von Produkten oder
Verfahren zu wecken.

Die folgenden Paragraphen des Heilmittelwerbegesetzes werden
dann noch etwas konkreter, indem zum Beispiel

- die Zuwendungen von Werbegaben (Geschenke) mit höherem
  Wert

---

[47] Stellpflug/Berns, Musterberufsordnung für die Psychologischen
Psychotherapeuten und die Kinder- und Jugendlichenpsychotherapeuten,
Psychotherapeutenverlag 2006

- und die Behandlung per Ferndiagnose verboten werden[48].

- Ebenso ist es unzulässig, Krankengeschichten zu zitieren, denn auch hier könnte der Eindruck einer **Erfolgsgarantie** geweckt werden. Zulässig ist es hingegen, ein Fallbeispiel zu schildern und darauf hinzuweisen, dass hier nur die Vorgehensweise einer Behandlung beschrieben wird.

Die Vorschriften sind sehr präzise gefasst, so dass darauf verwiesen werden kann. Bitte beachten Sie, dass Sie jeweils die neueste Fassung des Gesetzes zur Hand nehmen. Es würde den Rahmen dieses Leitfadens sprengen, hier nun noch jegliche Veröffentlichung zu diskutieren.

Schließlich listet das Heilmittelwerbegesetz eine Reihe von Krankheiten auf, auf die sich die Werbung **nicht** beziehen darf, so u. a.:

- Geschwulstkrankheiten,
- Erkrankungen des Nervensystems,
- Epilepsie,
- Geisteskrankheiten,
- und die Suchterkrankungen, ausgenommen Nikotinabhängigkeit.

Ziel dieses Verbotes ist es, in der Bevölkerung keine Verunsicherung oder Angstgefühle entstehen zu lassen. Auch in Bezug darauf ist jede informative oder auch werbende Maßnahme einer kritischen Überprüfung zu unterziehen.

---

[48] OLG Köln, Urt.v. 10.08.2012 – 6 U 224/11 –, Wettbewerbsverstoß: Fernbehandlung durch Erteilung medizinischer Auskünfte im Internet.

3.2 Das Gesetz gegen den unlauteren Wettbewerb

Dieses Gesetz, dem auch alle anderen Freiberufler unterliegen, verbietet im geschäftlichen Verkehr Handlungen zu Zwecken des Wettbewerbs, die gegen die guten Sitten verstoßen. Die Generalklausel wird durch § 3 des Gesetzes konkretisiert, in dem es heißt:

"Wer im geschäftlichen Verkehr zu Zwecken des Wettbewerbs über geschäftliche Verhältnisse, insbesondere über die Beschaffenheit, den Ursprung, die Herstellungsart oder die Preisbemessung einzelner Waren oder gewerblicher Leistungen oder des gesamten Angebots, über Preislisten, über die Art des Bezugs oder die Bezugsquelle von Waren, über den Besitz von Auszeichnungen, über den Anlass oder den Zweck des Verkaufs oder über die Menge der Vorräte irreführende Angaben macht, kann auf Antrag auf Unterlassung der Angaben in Anspruch genommen werden. Angaben über geschäftliche Verhältnisse sind auch Angaben im Rahmen vergleichender Werbung."

Auch diese Bestimmungen knüpfen also an dem Kriterium der irreführenden Werbung an. Insofern gilt das zum Heilmittelwerbegesetz Gesagte entsprechend. Wer eine Erfolgsgarantie abgibt, verstößt also gegen beide Gesetze.

3.3 Rechtsfolgen von Werbeverstößen

Verstöße gegen das Gesetz gegen den unlauteren Wettbewerb können auch von den Verbraucherschutzverbänden und den berufsständischen Kammern (Ärztekammer, Psychotherapeutenkammer) verfolgt werden. Gerade die berufsständischen Organisationen machen davon in letzter Zeit häufiger Gebrauch, indem sie den Werbenden auf Unterlassung einer bestimmten Werbemaßnahme verklagen. Derartige Verfahren sind teuer.

Unabhängig davon kann der Werbende auf Schadensersatz in Anspruch genommen werden und er muss ein Ordnungswidrigkeiten- oder Bußgeldverfahren erwarten.

4. Werbemittel im Einzelnen

4.1 Berufs- und Tätigkeitsbezeichnungen

Aus dem Blickwinkel des Werberechts betrachtet geht es darum, sachlich zu informieren und bei den Patienten keine Fehlvorstellungen über die Wirksamkeit hervorzurufen.

Wenn man also beispielsweise in einem Flyer folgende Formulierungen trifft:

- "Körperpsychotherapie empfiehlt sich bei z. B. psychosomatischen und psychischen Erkrankungen",
- „Durch Körperpsychotherapie können Ängste und Schmerzen gelindert werden",
- „Die Körperpsychotherapie fördert die Körperwahrnehmung, das Körperbewusstsein und die Regulation zwischen Spannung und Entspannung",

dann besteht bei der Verwendung dieser Tätigkeitsbeschreibungen solange kein Problem, als der Nachweis einer positiven Veränderung bei den aufgeführten Krankheitsbildern auch geführt werden kann. Das gilt insbesondere auch für spezifische Störungsbilder wie Depression, Angstzustände, Essstörungen oder Burn-Out.

Solche Krankheitsbilder dürfen nicht dadurch verharmlost werden, dass der Klient sie – freilich mit Hilfe des beworbenen Verfahrens – selbst heilen könne. Je klarer es sich um notwendige Krankenbehandlung handelt, desto weniger sind Begriffe zu verwenden, die an die „Selbstheilungskräfte" appellieren oder die „Selbstregulation" unterstützen.

4.2 Praxisschilder

Rechtliche Bestimmungen über die Größe des Praxisschildes gibt es nicht (mehr).

Ebenso wenig existieren Regeln über die Anzahl der dort genannten Methoden. Üblich ist die Angabe von nicht mehr als drei Verfahren.

Beispiele für zulässige Praxisschilder:

Beispiel 1: Helga Mustermann
Heilpraktikerin
Praxis für Körperpsychotherapie und Integrative Körperarbeit
Biodynamische Massage
Termine n. V.
Tel.

Beispiel 2: Helga Mustermann
Heilpraktikerin
Körperpsychotherapie
Integrative Körperarbeit
Biodynamische Massage
Termine n. V.
Tel.

Beispiel 3: Helga Mustermann
Heilpraktikerin
Körperorientierte Psychotherapie
Biodynamische Massage
Termine n. V.
Tel.

Beispiel 4: Helga Mustermann
Psychotherapeutische Heilpraktikerin
Körperorientierte Psychotherapie
Biodynamische Massage
Termine n. V.
Tel.

Beispiel 5: Helga Mustermann
Heilpraktikerin für Psychotherapie
Körperorientierte Psychotherapie
Biodynamische Massage
Termine n. V.
Tel.

4.3 Internet und neue Medien

Grundsätzlich sind inzwischen alle Informationen, die auf den Praxisschildern, Praxisbroschüren usw. zulässig sind, auch bei der Werbung in den "neuen Medien" zulässig.

Für "Teledienste" bestehen Besonderheiten insoweit, als die Marktsituation offen bleiben muss und die Person des Dienstanbieters im Internet nicht anonym bleiben darf.

Der erstgenannte Gesichtspunkt betrifft den Namen der Homepage: Danach ist es unzulässig, zum Beispiel mit einer Ortsbezeichnung (Heilpraktiker-Aachen) andere Mitbewerber zu benachteiligen oder den Anschein zu erwecken, unter der Ortsbezeichnung fänden sich alle dort tätigen Heilpraktiker.

Zweitens hat das Teledienstgesetz allgemeine Informationspflichten auferlegt, die die Dienstanbieter erfüllen müssen. So muss eine Homepage folgende Angaben enthalten:

1. Name und Anschrift des Diensteanbieters
2. Angabe der E-mail-Adresse
3. Bei gemeinsamer Berufsausübung in einer Partnerschaft: Angabe des Partnerschaftsregisters und der entsprechenden Registernummer; bei anderen Gesellschaftsformen (z.B. BGB-Gesellschaft) Angabe dieser Form.
4. Angabe der Mitgliedschaft in der berufsständischen Kammer, der der Diensteanbieter angehört (z.B. Psychotherapeutenkammer)
5. Gesetzliche Berufsbezeichnung (s. Kapitel 1 und 2)
6. Bezeichnung der berufsrechtlichen Regelungen unter Angabe von deren Fundstellen (z.B. Heilpraktikergesetz mit Verlinkung zu einem Gesetzestext)
7. Umsatzsteuer-Identifikationsnummer nach § 27 a Umsatzsteuergesetz.

Es wird geraten, diese Angaben auf einer Seite – wie ein Impressum – darzustellen:

Helga Mustermann
Heilpraktikerin für Psychotherapie
Musterstr. 10
1111 Musterstadt
Tel. Nr.
E – mail – Adresse
www.helga-mustermann.de
Mitglied in der Gesellschaft für Biodynamische Psychologie/ Körperpsychotherapie GBP e.V,
www.berufsverband-biodynamik.de
Tätig nach dem Heilpraktikergesetz:
http://www.heilpraktiker-fragen.de/heilpraktikergesetz.htm

4.4 Preisangaben

4.4.1 Preisverzeichnis in der Praxis und auf dem Bildschirm

Wer als Heilpraktiker Dienstleistungen anbietet, ist nach § 5 der Preisangabenverordnung dazu verpflichtet, ein Preisverzeichnis mit den Preisen für seine wesentlichen Leistungen aufzustellen. Dieses Preisverzeichnis muss im Geschäftslokal und, wenn eine Leistung über Bildschirmanzeige angeboten wird, auch dort veröffentlicht werden.

Die gesetzliche Formulierung ist wörtlich zu nehmen. Eine Pflicht, auf anderen Werbemitteln (z.B. Flyer) Preisangaben zu machen, besteht nicht.

Grundsätzlich besteht für Heilpraktiker keine Verpflichtung, nach der Gebührenordnung für Heilpraktiker abzurechnen. Sie ist lediglich ein Vorschlag der Heilpraktikerverbände, gibt jedoch auch eine gute Orientierung über die Preise „am Markt".

Um der Preisangabenverordnung gerecht zu werden, würde die folgende Veröffentlichung in einer Homepage voll und ganz ausreichen:

„Das Rechtsverhältnis zwischen Heilpraktiker und Patient begründet sich nach dem Dienstvertragsrecht des Bürgerlichen Gesetzbuches (BGB). Abrechnungsgrundlage der deutschen Heilpraktiker ist, wenn nicht anders vereinbart, die GebüH 85 (Gebührenverzeichnis für Heilpraktiker von 1985) der Deutschen Heilpraktikerverbände. Die Kosten für eine Behandlungsstunde (ca. 50 – 60 Min.) in der Praxis für Körperpsychotherapie Monika Musterfrau – Heilpraktikerin – beträgt, wenn nicht anders vereinbart, 55,- EUR. Heilpraktikerleistungen sind nach § 4 Nr. 14 UStG umsatzsteuerfrei."

4.4.2 Information zur Kostenerstattung durch Krankenkassen

Die Patienten haben ein Recht auf sachgerechte Information über die Frage der Kostenerstattung durch ihre Krankenkassen oder Beihilfestellen. Dazu ist ein Hinweis etwa folgenden Inhalts zweckmäßig und sinnvoll:

„Grundsätzlich gehe ich davon aus, dass Sie die hier anfallenden Therapiekosten selbst übernehmen. Bitte erkundigen Sie sich bei Ihrer gesetzlichen oder privaten Krankenversicherung oder Beihilfestelle rechtzeitig vor Beginn der Therapie, ob die Möglichkeit der Kostenerstattung besteht."

Dieser Hinweis kann auch mit dem folgenden Zusatz ergänzt werden:

„Die Durchführung der heilpraktischen Tätigkeit und heilpraktischen Psychotherapie gehört <u>nicht</u> zum Leistungsumfang gesetzlicher Krankenkassen. Die hierdurch entstehenden Kosten können daher allenfalls im Einzelfall von gesetzlichen Krankenkassen erstattet werden, wenn rechtzeitig vor Beginn der Therapie ein entsprechender Antrag vom Patienten gestellt wird. Einige private Krankenversicherungen und Beihilfestellen erstatten die Heilpraktiker-Tätigkeit auf Antrag. Sollten Sie eine entsprechende Antragstellung bei Ihrer Krankenkasse erwägen, stimmen Sie bitte Ihre Vorgehensweise mit mir ab."

4.5 Weitere Werbemittel

Für andere Werbemittel
- Angaben zur Person, zu akademischen Titeln, biografische Informationen
- Anzeigen in regionalen Zeitungen und Fachzeitschriften
- Eintragungen in das Telefonbuch
- Fachartikel
- Kursangebote
- Patienten-Informationsbroschüren
- Praxisstempel
- Patientenaufklärungsschreiben
- Visitenkarten

gibt es nach unserem Kenntnisstand keine speziellen Vorschriften. Hier müssen also unsere Ausführungen in Bezug auf die Berufsbezeichnung und das Gebot sachlicher Werbung entsprechend gelten.

So ist es ohne weiteres erlaubt, bei den Angaben zur Person das Ausbildungsinstitut und die Bezeichnung des Zertifikates, das man dort erworben hat, zu benennen.

Übt der Heilpraktiker noch andere Tätigkeiten aus und gibt z.B. Kurse, ist es zulässig, beides auf einer Homepage darzustellen. Das Angebot für Entspannungskurse für Kinder oder im Gesundheitspräventionsbereich zur Stressbewältigung, Yoga oder Autogenes Training darf also neben der heilkundlichen Tätigkeit präsentiert werden. Auch hier gilt natürlich das Verbot der Irreführung. Die Aussage, dass die Krankenkassen derartige Angebote bezuschussen, darf nur für die Aktivitäten dargestellt werden, für die diese Möglichkeit auch tatsächlich besteht.

5. Steuer- und sozialrechtliche Fragen selbständiger Tätigkeit

5.1 Die Pflicht zur Anmeldung der Praxis

Wer einen Beruf des Gesundheitswesens selbständig ausüben möchte oder Angehörige der Berufe des Gesundheitswesens beschäftigen will, hat die Aufnahme und die Beendigung dieser Tätigkeit dem Gesundheitsamt der jeweiligen Kommune anzuzeigen[49]. Das gleiche gilt für Personen, die vorübergehend Dienstleistungen[50] in Deutschland erbringen.

Eine Anzeige ist lediglich die Meldung einer Tätigkeit im Gesundheitswesen; eine Prüfung von Kenntnissen findet nicht statt.

5.2 Die Umsatzsteuerpflicht

Grundsätzlich ist die Tätigkeit als Heilpraktiker von der Umsatzsteuerpflicht befreit. Die Grenze ist auch hier nach der Frage zu ziehen, ob es sich um eine heilkundliche Tätigkeit handelt[51].

---

[49] § 18 des nordrhein-westfälischen Gesetzes über den Öffentlichen Gesundheitsdienst ÖGDG; § 29 Abs. 2 HeilberufeG NRW; entsprechende Gesetze gibt es in anderen Bundesländern.

[50] S.10

[51] FG München, Beschl.v. 17.02.2009 , Keine Umsatzsteuerbefreiung für die Durchführung von Seminaren für Persönlichkeitstrainings, VG Gelsenkirchen, Urt.v. 08.03.2012 – 13 K 5302/10 –, Keine Umsatzsteuerbefreiung für eine Ausbildung zum "Männercoach und Trainer", FG München, Urt. v. 21.04.2005 – 14 K 5140/02 –, Umsatzsteuerbefreiung für Heilpädagogik ohne Rücksicht auf ärztliche Verordnung,

5.3 Die Krankenversicherungspflicht

Seit 2009 besteht die gesetzliche Verpflichtung auch für Selbständige, eine Krankenversicherung zu haben. Ebenso der Abschluss einer Pflegeversicherung ist nun zur Pflicht geworden.

5.4 Rentenversicherungspflicht

Wenig bekannt ist, dass eine Rentenversicherungspflicht nicht nur im Falle eines sozialversicherungspflichtigen Beschäftigungs-verhältnisses entsteht, sondern auch bei gewissen selbständigen (freiberuflichen) Tätigkeiten. Der Rentenversicherungspflicht unterliegen die Lehrer, die Hebammen und die selbständig tätigen Pflegenden[52].

Der Begriff des Lehrers wird hier weiter verwendet als der im allgemeinen Sprachgebrauch übliche. Es kommt nicht darauf an, ob die Tätigkeit in einer Bildungseinrichtung durchgeführt wird. Unter den Begriff der selbständig tätigen Lehrer fallen alle Personen, die im Rahmen einer Aus- oder Fortbildung durch theoretischen oder praktischen Unterricht Kenntnisse, Fähigkeiten oder Erfahrungen vermitteln[53]. Als Lehrtätigkeit sind das – auch flüchtige – Übermitteln von Wissen und die Unterweisung von praktischen Tätigkeiten zu verstehen. Der Begriff der Lehrtätigkeit umfasst sowohl die Vermittlung von theoretischen Kenntnissen als auch die Unterweisung von körperlichen Tätigkeiten. Unerheblich ist, auf welchen Gebieten

---

[52] § 2 S. 1 Nrn. 1 bis 3 SGB VI; BVerfG, Beschluss vom 26.6.2007 – – 1 BvR 1355/03 – –, Rentenversicherungspflicht für Selbständige Lehrer verfassungsgemäß

[53] Fichte in: Hauck/Haines, Sozialgesetzbuch – SGB VI –, Stand: 02/2007, § 2 RdNr. 38 m.w.N. zur Rechtsprechung des BSG

die Wissensvermittlung erfolgt und auf welche Weise die zur Ermittlung erforderlichen fachlichen oder pädagogischen Kenntnisse erworben wurden.

Eine besondere pädagogische Ausbildung ist nicht erforderlich; unerheblich ist, ob es ein etwa durch Ausbildungsordnungen geregeltes Berufsbild des (selbständigen) Lehrers gibt. Eine verpflichtende Teilnahme am Unterricht, die Abnahme von Prüfungen oder das Ausstellen von Zeugnissen ist nicht erforderlich. Das Rentenversicherungsrecht enthält keine Vorgaben zu den Lehrinhalten, der Form des Unterrichts (z.B. Ort, Zeit und Anzahl der Teilnehmer), der Qualifikation des Lehrers und einer Leistungskontrolle der Teilnehmer. Für die Begründung der Versicherungspflicht ist auch nicht erheblich, welche berufliche Eigenbezeichnung vom Versicherten angegeben wurde; auch der „Sprachentrainer" ist ein „Lehrer"[54]. Es spielt ebenso wenig eine Rolle, welches Niveau die ausgeübte Tätigkeit hat und ob sich der Unterricht nur an Laien wendet[55]. Nach einer neueren Entscheidung des Landessozialgerichts Baden-Württemberg[56] ist auch die der Tätigkeit zugrunde liegende Methode der Wissensvermittlung (z.B. Training, Coaching, Moderation, Supervision) für die Beurteilung nicht entscheidend, es komme vielmehr „auf das Gesamtbild der ausgeübten Tätigkeit" an.

---

[54] § 2 Satz 1 Nr. 6 SGB VI (vgl. zum „Sprachtrainer" BSG 23.11.2005 – B 12 RA 9/04 R a.a.O. und zur „Kommunikationstrainerin" BSG, Urteil vom 23.11.2005 – B 12 RA 5/03 R = SozR 4-2600 § 231 Nr. 1

[55] BSG, Urteil vom 14.12.1994 – 3/12 RK 80/92 = SozR 3-5425 § 1 Nr. 4 m.w.N.

[56] LSG Baden-Württemberg 2. Senat Urt. v. 26.09.2012 – L 2 R 115/12

Mit diesem weiten Begriff liegt es nahe, für die selbständigen Tätigkeiten Supervision, Coaching usw. auch die gesetzliche Rentenversicherungspflicht anzunehmen.

Anderer Ansicht ist allerdings bislang das Sozialgericht Münster[57]. Der Supervisor erteile keinen Unterricht zu Ausbildungszwecken, sondern sei auf Beratung ausgerichtet. Bei Supervision handele es sich um eine Zusatzqualifikation für Beschäftigte in sozialen, pädagogischen, beratenden oder juristischen Berufsfeldern, aber auch für sonstige Arbeitnehmer mit Teamleitungs- und Personalführungsaufgaben. Supervision sei eine Beratungsform für berufliche Probleme. Zielgruppe seien Menschen in Berufen mit hohen psychischen Belastungen, z.B. Erzieher, Lehrer, Sozialarbeiter, usw.. Neben einer psychischen Entlastung strebe die Supervision die Erhöhung der Professionalität der Beteiligten und eine Verbesserung von institutionellen Rahmenbedingungen an. Es gehe der Supervision nicht um Vermittlung von Sachwissen, sondern um kritische Reflexionen beruflichen Handelns, der professionellen Berufsrolle und der Arbeitsstrukturen. Die Supervision werde daher häufig von Psychologen und Psychotherapeuten aber auch von Unternehmensberatern angeboten.

In der Entscheidung des Sozialgerichts in Münster wird ein deutlich engerer Begriff des Lehrers verwendet als in der neueren Entscheidung des Landessozialgerichts Baden-Württemberg. Im Ergebnis streiten sich die Juristen wohl, ob die Supervision unter

---

[57] SG Münster, Urt.v. 10.03.2004 - - S 9 RA 1/02 - -, Supervisor ist kein Lehrer bzw. Erzieher i.S.v. § 2 S. 1 Nr. 1 SGB VI, Deutsche Rentenversicherung Bayern-Süd, Bescheid v. 14.02.2011 , Eine Tanztherapeutin gehört nicht zu den selbständig tätigen Pflegepersonen i.S.d. § 2 S. 1 Nr. 2 SGB V,

den Begriff des Lehrers im sozialversicherungsrechtlichen Sinne fällt oder nicht. Wer Klarheit haben will, dem muss empfohlen werden, die gesetzliche Rentenversicherungspflicht oder deren Nichtbestehen von der Deutschen Rentenversicherung Bund (negativ) feststellen zu lassen. Auf eine solche Feststellung besteht ein gesetzlicher Anspruch.

6. Gesetze im Bereich Psychotherapie nach dem HPG

- Gesetz gegen den unlauteren Wettbewerb (UWG)
- Heilpraktikergesetz (HPG)
- Heilmittelwerbegesetz (HWG)
- Preisangabenverordnung (PAngV)
- Psychotherapeutengesetz (PsychThG)
- Teledienstegesetz (TDG)

7. Weiterführende Literatur

1. Behnsen/Bell/Best/Gerlach/Schirmer/Schmid, Managementhandbuch für die psychotherapeutische Praxis (MHP) ; Heidelberg, 57. Aktualisierung 2013
2. Boxberg, Ernst, Legale Werbung für Ihre Praxis, Urban & Fischer Verlag, August 2006, ISBN: 3437468618
3. Engler/Geserich/Räpple/Rieger, Werben und Zuwenden im Gesundheitswesen, 2. Aufl. Heidelberg 2000
4. Halbe, Werberecht der Psychotherapeuten, Managementhandbuch für die psychotherapeutische Praxis, s. Behnsen, Beitrag Nr. 2280
5. Jäger, Informationsanspruch des Patienten – Grenzen der Werbung im Gesundheitswesen, MedR 2003,263 ff., Zeitschrift für Medizinrecht 2003, München
6. Jerouschek, Psychotherapeutengesetz, Kommentar, München 2004
7. Krieger, Susann, Rechtskunde für Heilpraktiker. Wissen für Prüfung und tägliche Praxis, Sonntag-Verlag, ISBN: 3877581978

8. Rittmeyer, Heilpraktiker werden, aber wie?, Unikat-Verlag, 3. Auflage Mai 1998, ISBN: 393063418X

9. Stahl-Kadlec/ Donhauser, Rechts- und Berufskunde. Für Heilpraktiker und Heilpraktikeranwärter, Übersicht und Zusammenfassung, Lehmanns Media-Lob.de, 1.Auflage 2006, ISBN: 3865411223

10. Stock, Christof: Erste Rechtsprechung zum Psychotherapeutengesetz, NJW 1999 2753 ff.

11. Stock, Christof: Die neue Vereinbarung "Abhängigkeitserkrankungen" und das Psychotherapeutengesetz, SUCHT, Zeitschrift für Wissenschaft und Praxis 2002 (1) 50

12. Stock, Psychotherapie und Europarecht – Eine Übersicht zur Psychotherapie im europäischen Gesundheitssystem, Managementhandbuch für die Psychotherapeutische Praxis, Beitrag Nr. 783 in Behnsen u.a., s. dort.

13. Stock, Die Situation der Psychotherapeuten ohne Psychologiediplom nach den Entscheidungen des Bundesverfassungsgerichts vom 16.03.00 und 23.06.00, MedR 2003, 554 ff.

14. Stock, Psychotherapeutengesetz und fortschrittliche Therapieverfahren mehr geschadet als genützt? Eine kritische Bilanz aus anwaltlicher Sicht, (Juni 2001), Psychotherapie Forum, Zeitschrift der deutschsprachigen Psychotherapeutenverbände in der European Association For Psychotherapy EAP, Heft 4/2002, Seite 144 ff.

15. Stock, Christof: Rechtliche Bezüge und Herausforderungen von Beratung und Therapie, in: Sanders, Rudolf / Klann, Notker; Beratung aktuell, Zeitschrift für Theorie und Praxis der Beratung, Sonderausgabe 2009 „Beratung auf dem Weg

zur Akademisierung", www.active-books.de/beratung-aktuell.html 2009

16. Stock, Christof: Zur Therapiefreiheit der ärztlichen und nichtärztlichen Psychotherapeuten – unterschiedliche Eingriffsintensität bei im Wesentlichen gleicher Tätigkeit? MedR 2010 (5) 309

17. Vormwald, Marketing für Heilpraktiker, Sonntag-Verlag, Stuttgart 2004

18. Zizmann, Peter A., Die erfolgreiche Naturheilpraxis. Planung, Gründung, Management, Sonntag-Verlag, ISBN:3877587536

8. Kontaktadressen

Gesellschaft für Biodynamische Psychologie/Körperpsychotherapie e.V.
GBP e.V.
Geschäftsstelle:
Anne Morstadt-Droege
Pützlachstr. 99
51061 Köln
0221 - 66 16 98
anne.morstadt@berufsverband-biodynamik.de
www.berufsverband-biodynamik.de

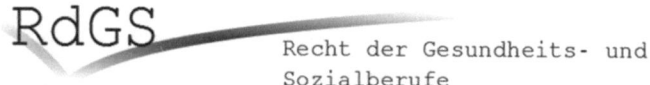

RdGS   Recht der Gesundheits- und
        Sozialberufe

Prof. Dr. Christof Stock
Delheid Soiron Hammer Rechtsanwälte
Friedrichstrasse 17-19
52072 Aachen
Tel. 0241/94668-0
Fax 0241/94668-77
Christof.stock@delheid.de
www.rdgs.de